BEI GRIN MACHT SICH IHR WISSEN BEZAHLT

- Wir veröffentlichen Ihre Hausarbeit,
  Bachelor- und Masterarbeit

- Ihr eigenes eBook und Buch -
  weltweit in allen wichtigen Shops

- Verdienen Sie an jedem Verkauf

Jetzt bei www.GRIN.com hochladen
und kostenlos publizieren

Bibliografische Information der Deutschen Nationalbibliothek:

Die Deutsche Bibliothek verzeichnet diese Publikation in der Deutschen National-bibliografie; detaillierte bibliografische Daten sind im Internet über http://dnb.d-nb.de/ abrufbar.

Impressum:

Copyright © 2019 GRIN Verlag
Druck und Bindung: Books on Demand GmbH, Norderstedt Germany
ISBN: 9783346194664

Dieses Buch bei GRIN:

https://www.grin.com/document/590487

Gabriel Obwegeser

Berührungslose Pulsmessung mit Kamera-basierter
Photoplethysmografie. Theorie und Performance-Analyse

GRIN Verlag

GRIN - Your knowledge has value

Der GRIN Verlag publiziert seit 1998 wissenschaftliche Arbeiten von Studenten, Hochschullehrern und anderen Akademikern als eBook und gedrucktes Buch. Die Verlagswebsite www.grin.com ist die ideale Plattform zur Veröffentlichung von Hausarbeiten, Abschlussarbeiten, wissenschaftlichen Aufsätzen, Dissertationen und Fachbüchern.

Besuchen Sie uns im Internet:

http://www.grin.com/

http://www.facebook.com/grincom

http://www.twitter.com/grin_com

Department für Biomedizinische Informatik und Mechatronik

Berührungslose Pulsmessung mit kamerabasierter Photoplethysmografie

Mechatronik - Bachelorprojekt

Gabriel Obwegeser

Hall in Tirol, 7. November 2019

Bachelorarbeit

verfasst im Rahmen eines gemeinsamen Bachelorstudienprogramms von LFUI und UMIT – Joint Degree Programme

eingereicht an der UMIT – Private Universität für Gesundheitswissenschaften, Medizinische Informatik und Technik, Department für Biomedizinische Informatik und Mechatronik zur Erlangung des akademischen Grades

Bachelor of Science

Kurzfassung

Mittels remote Photoplethysmography (rPPG) ist es möglich, Vitalparameter wie die Herzrate mittels einer günstigen RGB - Kamera kontaktlos zu messen. In dieser Arbeit wird zunächst auf die grundlegenden biologischen und physikalischen Hintergründe, welche rPPG möglich machen, eingegangen. Anschließend werden einige Studien der letzten Jahre zusammengefasst. Dabei wird auf die mathematische Funktionsweise eines Algorithmus, welcher die relativen Pulsstärken in den einzelnen Farbkanälen, sowie Reflexionsrichtung des Hautgewebes ausnutzt, näher eingegangen. Die Farbwerte der Kamera werden über eine *Region of Interest* (ROI) gemittelt und zeitlich normalisiert. Das normalisierte Signal wird auf eine Ebene orthogonal zu $\mathbf{1} = \begin{bmatrix} 1 & 1 & 1 \end{bmatrix}^T$ projiziert. Dadurch werden Intensitätsschwankungen, welche in Richtung $\mathbf{1}$ zeigen, eliminiert. Es werden Spannvektoren dieser Ebene verwendet, welche in eine Richtung zeigen, wo der Einfluss der Bewegungsartefakte gering und jener der pulsatilen Informationen maximal ist.

In einer Performance-Analyse werden im Zuge von 8 Aufnahmen die Herzraten mittels rPPG über eine eingebaute Laptop-Webcam und mittels herkömmlichem Photoplethysmografie (PPG) über ein Fingerpulsoximeter verglichen. Bei ruhiger Sitzhaltung unmittelbar vor der Kamera erhält man Ergebnisse, die im besten Fall lediglich 0.6 % und durchschnittlich 1 % vom Referenzsignal abweichen. Für eine zweite Webcam, die getestet wird, versagt der Algorithmus. Der relativen Fehler beträgt 15.3 % und 29 %.

1

Abstract

Remote Photoplethysmography rPPG provides a method to contactlessy measure vital signs like heartrate using a low-cost camera. This thesis introduces the biological and physical fundamentals that make rPPG possible. Recent studies on that field are summarized. The mathematical principals of an algorithm that utilizes relative pulsatile strengthts in the color channels as well as the reflection direction of the skin tissue are considered in detail. For this purpose, the color values of the camera are spatially averaged over a Region of Interest (ROI) and temporally normalized. This signal is beeing projected onto a plane orthogonal to $\mathbf{1} = \begin{bmatrix} 1 & 1 & 1 \end{bmatrix}^{T}$. The plane is spanned by two vectors that point into directions, that damp motion artefacts and maximize pulsatile information.

In a Performance analysis the heart rate in 8 recordings is determined by rPPG using the built-in laptop webcam and by photoplethysmography (PPG) using a pulse oximeter and is compared. With calm sitting posture directly in front of the camera the rPPG heart rate only differs 0.6 % from the reference signal. On average the rPPG differs only 1 %. An second USB-webcam failed to reasonably determine the heart rate. The relative error was 15.3 % and 29 %.

Inhaltsverzeichnis

1 Einleitung

Photoplethysmografie PPG ist eine schon seit einigen Jahrzehnten angewandte Methode zur Überwachung von Vitalparametern. Dabei wird die Haut mit einem Pulsoximeter durchleuchtet und anhand der Absorption des Lichts, welche mit einem Sensor gemessen wird, das Pulswellensignal abgeleitet. Jüngste Studien haben gezeigt, dass das Pulswellensignal auch mit einer Kamera, welche einige Zentimeter bis Meter von der Haut entfernt ist, gemessen werden kann. Dabei macht man sich durch Blutströmungen verursachte Veränderung der Hautfarbe zunutze, welche jedoch aufgrund des Verzichts einer Durchleuchtung sowie größerer Entfernung des Sensors von der Haut viel kleiner ausfallen. Es werden daher Methoden gesucht, aus diesen kleinsten Veränderungen der Hautfarbe das Pulssignal zu extrahieren. Derartige Verfahren werden als *remote Photoplethysmography* rPPG bezeichnet, da im Gegensatz zur herkömmlichen Photoplethysmografie PPG kein unmittelbarer Kontakt mit der Haut besteht.

Aufgrund von steigenden Kosten im Gesundheitswesen sowie fortschreitenden Alterung der Bevölkerung bietet rPPG eine kosteneffiziente und praktikable Alternative zu herkömmlichen Geräten. Ein Großteil der Menschen besitzt eine Kamera in Form einer Webcam oder integriert in einem Smartphone. Vitalparameter könnten demnach von überall aus gemessen werden, wodurch eine Anwendung in der Telemedizin ermöglicht wird. Die Eigenschaft, berührungslos zu messen, macht rPPG zudem attraktiv für Anwendungen, bei denen Hautkontakt unerwünscht ist wie etwa im Sport.

Im Zuge dieser Arbeit soll ein Verfahren zur rPPG implementiert werden. Es sollen dabei Videosignale von einer Webcam verarbeitet werden und die Herzrate in Echtzeit bzw. mit einigen Sekunden Verzögerung ermittelt werden. Dabei werden zunächst die medizinischen, biologischen und physikalischen Grundlagen, welche für rPPG relevant sind beschrieben. Im Zuge einer Literaturrecherche werden gängige Methoden untersucht. Auf eine der beschriebenen Methoden wird anschließend vertiefend eingegangen und eine Software-Implementierung umgesetzt. Um nur die Körperstellen mit pulsatilen Informationen, also jene mit unbedeckter Haut, zu analysieren, soll eine ROI definiert werden. Dies kann beispielsweise durch Gesichtserkennung erfolgen. Aus dem durch rPPG ermittelten Pulswellensignal soll die Herzrate abgeleitet werden. Dies kann etwa mittels Frequenzanalyse oder *peak detection* erfolgen.

Die Genauigkeit des Verfahrens soll in einer Performance-Analyse getestet werden. Dazu soll aus einer Reihe von Aufnahmen die Herzrate mittels rPPG bestimmt werden. Diese wird mit einer durch herkömmliche Geräte (z. B. EKG, Pulsoximeter) synchron aufgenommenen Herzrate verglichen und der Fehler sowie Korrelation bestimmt.

2 Literaturrechereche

2.1 Medizinsiche Grundlagen

Um das Verfahren der (kamerabasierten) Photoplethysmografie am besten nachvollziehen zu können, sollen zunächst einige medizinische bzw. physiologische Grundlagen dargestellt werden.

Die zugrundeliegende Messgröße der PPG ist der Blutvolumenpuls (BVP), welcher dadurch entsteht, dass bei jedem systolischen Blutausstoß des Herzen eine Pulswelle durch die Arterien wandert und die Gefäße dadurch erweitert. Für die kamerabasierte Photoplethysmografie sind hier vor allem die Gefäße in den äußersten Gewebeschichten relevant, da die Haut im Gegensatz zur herkömmlichen PPG nicht durchleuchtet wird und grünes Licht, welches für die rPPG relevant ist, nur einen kurzen Weg durchs Gewebe zurücklegen kann.

Aus dem BVP können verschiedene physiologische Parameter wie Herzrate, Sauerstoffsättigung, Atemrate, Blutdruck oder Herzzeitvolumen gewonnen werden. Die Herzrate ist dabei eine wichtige Größe zur Überwachung des Patientenzustands. Dadurch lassen sich Symptome, wie Herzrasen (Tachykardie) und zu langsamer Herzschlag (Bradykardie) erkennen, welche Anzeichen für verschiedenste Erkrankungen sein können. Abweichungen von einer normalen Herzrate lassen sich mit Hilfe der Herzfrequenzvariabilität darstellen und können vor Herzrhythmusstörungen warnen. Eine zu geringe Sauerstoffsättigung kommt beispielsweise bei Erkrankungen wie Asthma und chronisch obstruktiver Lungenerkrankung vor [4]. Atem- wie auch Herzrate sind darüber hinaus wichtige Werte zur Überwachung von Früh- bzw. Neugeborenen auf neonatalogischen Intensivstationen. rPPG bietet hierbei den Vorteil, bei der sehr sensiblen Haut kontaktlos arbeiten zu können [1].

Die Ermittlung der Herzfrequenz kann durch Messen des Zeitintervalls zwischen zwei Amplitudenspitzen erfolgen. Diese Zeitspanne wird im Englischen als *Interbeat interval (IBI)* bezeichnet. Ein vergleichbarer deutscher Ausdruck wäre der RR-Abstand, wobei hier als Quelle das EKG dient. Die Herzfrequenz in Schlägen pro Minute erhält man durch $HF\,[\mathrm{s}^{-1}] = 60/IBI\,[\mathrm{s}]$. Eine andere Möglichkeit, die Herzfrequenz zu berechnen,

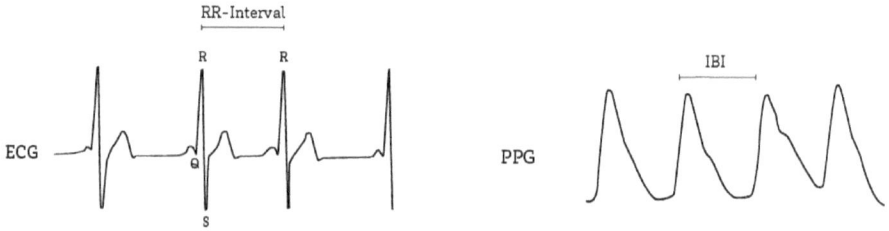

Abbildung 1: RR-Spanne und Interbeat Intervall

ist es, die dominierende Frequenz des BVP mittels Methoden der Frequenzanalyse zu erhalten. Dazu bietet es sich an, auf ein Signal, welches über einen längeren Zeitraum (z. B. 10 s) aufgenommen wurde, die *fast Fourier Transform* (FFT) anzuwenden. Damit kann ein zeitdiskretes Signal in seine Frequenzanteile zerlegt werden. Dabei geht man davon aus, dass die am stärksten ausgeprägte Frequenz der Herzfrequenz entspricht.

Anhand des IBI lässt sich darüberhinaus durch dessen Standardabweicheung die Herzratenvariabilität herleiten, welche ein Maß für die Fähigkeit des Herzens ist, dessen Frequenz zu verändern. Selbst die Atemfrequenz und Sauerstoffsättigung können anhand der Kurve des Pulssignals erfasst werden. Die Atemfrequenz macht sich dadurch bemerkbar, dass das PPG-Signal periodische Änderungen der Spitzen, Frequenz und Intensität beeinhaltet, welche durch das Ein- und Ausatmen entstehen [8].

Die Relevanz des Grünkanals bei der rPPG lässt sich dadurch erklären, dass der rote Blutfarbstoff Hämoglobin grünes Licht im Gegensatz zu anderen Farben stärker absorbiert. Dies lässt sich gut in Abbildung 2, welche den Absorptionskoeffizienten von Hämoglobin (Hb) und Oxyhämoglobin (HbO2) für verschiedene Wellenlängen darstellt, erkennen. Ein lokales Maximum ist bei 550 nm sichtbar. Dies entspricht beinahe dem Grünkanal im RGB-Farbraum. Wie man außerdem in Abbildung 2 erkennt, wird blaues bzw. violettes Licht etwas über 410 nm am besten absorbiert, ist aber ungeeignet, da es nicht tief genug durch die Haut dringt. Aufgrund kleiner Abweichungen in der Absorptionskurve zwischen Hb und HbO2 kann mittels rPPG auch die Sauerstoffsättigung im Blut gemessen werden [12].

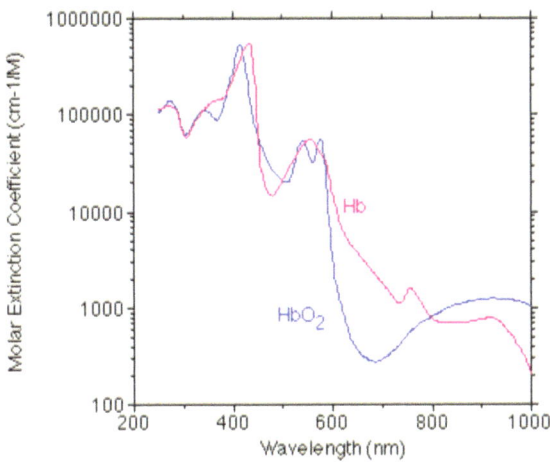

Abbildung 2: Hämoglobin Absorptionsrate

Abschließend soll die Wahl der ROI diskutiert werden. Um ein qualitativ hochwertiges Signal zu erhalten, ist es von Bedeutung, sich die Frage zu Stellen, an welchen Körperstellen das Signal gemessen werden soll. Da das Gesicht meistens unbedeckt ist und es mit Geräten, wie Webcam, Smartphone, usw. auch am praktischsten aufzunehmen ist, stellt diese Körperregion einen guten Ausgangspunkt dar. Doch auch innerhalb des Gesichtes kann man das Gebiet noch weiter einschränken, was einen verminderten Rechenaufwand zum Vorteil hat. Unbehaarte, gut durchblutete Hautpartien sind hier recht vielversprechend. In einem Experiment von Kwon et al. [5] wird das Gesicht in sieben Regionen unterteilt: nämlich der Stirn, dem Nasion, der Nase, linker und rechter Wange, dem Mund, sowie dem Kinn. Für jede Region wird das Signal-Rausch-Verhältnis (SNR) sowie der Korrelationseffizient zu einem Referenzsignal, welches mittels eines herkömmlichen Photoplethysmografen am Finger gemessen wurde, ermittelt. Beide Wangen sowie die Stirn erzielen dabei die verlässlichsten Ergebnisse, Mund und Kinn schneiden am unsichersten ab.

2.2 aktuelle Methoden zur kamerabasierten Photoplethysmografie

Ein Großteil der Forschung spezialisiert sich bei Versuchen mit rPPG auf einen simplen Versuchsaufbau. In den meisten Fällen genügt lediglich eine Konsumerkamera, in manchen Quellen wird statt dem standardmäßigen Umgebungslicht eine zusätzliche Lichtquelle installiert.

Erreicht eine Pulswelle das Gewebe, dehnen sich die Gefäße aus und es herrscht ein höheres Blutvolumen. Da Blut Licht stärker absorbiert als das umliegende Gewebe, kann man eine Änderung des Blutvolumens anhand der Reflexion des Lichts an der Haut messen. Vor allem der Grünkanal wird für die Extraktion des Pulssignals untersucht. Jedoch wird teilweise auch auf die Bedeutung der anderen Farbkanäle als Quelle komplementärer Information verwiesen. Erhält man nun ein stärkeres Signal des Farbkanals, bedeutet dies eine höhere Reflexion (Abbildung 2) und es kann auf ein geringeres Blutvolumen geschlossen werden. Es wird empfohlen, eine Kamera zu verwenden, dessen Automatik-Funktionen zur Anpassung von Helligkeit und Verstärkung deaktivierbar sind, da die minimalen Farbänderungen im Gesicht sonst unterdrückt oder verfälscht werden können.

In der Praxis erhält man für jeden der drei Farbkanäle einen Pixelwert, welcher in Regel zwischen 0 und 255 beträgt. Dieser wird in Form einer Menge $PV(x,y,t)$ wo x und y jeweils für die horizontale und vertikale Position des Pixels und t für den entsprechenden Zeitpunkt des Frames steht, dargestellt. Da im Projekt von Verkruysse et al. [12], welches die erste Veröffentlichung zu rPPG ist, kein Gesichtstracking vorgenommen wird, müssen die Probanden den Kopf still halten und die ROI wird manuell eingegrenzt. Um das *signal-to-noise ratio* (SNR) zu verbessern, wird der Frame in mehrere Zellen unterteilt. Für jede dieser Zellen wird der örtliche Mittelwert gebildet. Um den alternierenden Wert zu erhalten, wird davon der Gleichanteil abgezogen. Dieses Signal kann anschließend noch mit einem Bandpassfilter gefiltert werden. Die Zeitspanne zwischen zwei Spitzen ergibt das IBI. Man kann daraus, wie bereits im vorherigen Kapitel dargestellt, auf die Herzrate schließen. Um den Ort der Spitzen zu ermitteln, wird an dem Signal nach lokalen Maxima gesucht. Infolge von Störeinflüssen können im Signal auch Maxima auftreten, die keinen Ausschlag des Pulses darstellen. Um zu verhindern, dass diese fälschlicherweise erkannt werden, müssen bei der Bestimmung des Maximums noch Schwellenwerte wie die Mindesthöhe der Spitze sowie der Mindestabstand zwischen zwei Spitzen übergeben werden. Ein anderer Ansatz besteht darin, das Signal mittels *FFT* in den Frequenzbereich zu überführen. Eine signifikante Ausprägung erhält man hier zwischen 1 und 2 Hz bzw. zwischen 0 und 1 Hz. Dies entspricht der Herz- bzw. Atemfrequenz. Verkruysse et al. machen auf zwei Hauptprobleme, den Bewegungsartefakten, sowie CCD-Sensor-Rauschen wird aufmerksam [12]. Dem Rauschen wird bereits durch Mit-

telung innerhalb der ROI und Anwenden eines Filters entgegengewirkt, die Bewegungsartefakte könnten mit Hilfe von Gesichtserkennung sowie -tracking reduziert werden.
Gesichtserkennung und -tracking wirken Bewegungsartefkakten allerdings nur bedingt
entgegen, da aufgrund der Verschiebung des Gesichts sich dessen Orientierung zur Lichtquelle und dadurch die Belichtung des Gesichts ändert. Ein weiteres Problem stellen die
sich ändernden Umgebungslichtverhältnisse dar. Vor allem bei Anwendungen außerhalb
geschlossener Räume, wie zum Beispiel beim Autofahren oder Fitness, ist man dauern-
der Änderung der Lichtintensität sowie Position der Lichtquelle ausgesetzt. Jedoch auch
innerhalb von Gebäuden können durch Fenster wetter- und tageszeitbedingte Einflüsse
auftreten.

Eine Lösung besteht darin, ein Referenzsignal, welches unabhängig vom Puls ist, aus
dem Hintergrund zu ermitteln [8]. Li u. a. gehen auf diesen Ansatz genauer ein. Dabei
wird der mittlere Grünwert einer ROI über die Zeit herangezogen. Da hier davon ausgegangen wird, dass sich das Gesicht nicht bewegt, ist dieser lediglich von der Änderung
des Blutvolumens und der Änderung des Lichts abhängig. Ziel ist es, den vom Puls ab-
hängigen Anteil zu extrahieren. Da man den Einfluss der sich verändernden Lichtverhält-
nisse nicht direkt im Gesicht messen kann, zieht man dazu den mittleren Grünwert des
Hintergrunds heran. Man geht davon aus, dass die Quelle des Lichts im Hintergrund und
im Gesicht dieselbe ist. So kann man den vom Gesicht aufgenommenen Grünwert von
den Lichteinflüssen bereinigen, indem man die im Hintergrund ermittelten, mit einem
Proportionalitätsfaktor kombinierten Lichteinflüsse vom Grünwert des Gesichts abzieht.
Der Proportionalitätsfaktor ist so zu wählen, dass sich eine möglichst kleine Abweichung
zum tatsächlichen Pulssignal ergibt. Dies wird mit Hilfe des iterativen LMS-Filters rea-
lisiert, welcher auf einem Gradientenverfahren beruht [6].

Eine Erweiterung des Bandpassfilter besteht darin, anpassungsfähige Grenzfrequenzen
zu implementieren. Dabei werden die Grenzfrequenzen durch zuvor ermittelte Herzfre-
quenzen bestimmt, wodurch die Bandbreite durch diese zusätzliche Berücksichtigung
von Informationen weiter reduziert werden kann. Weitere Wege zur Verbesserung der
Qualität bestehen in der Verwendung von Kameras mit zusätzlichem Orange- und Cy-
ankanal sowie der Auswahl mehrerer ROIs, welche anschließend mittels gewichtetem
Durchschnitt kombiniert werden.

Da die registrierten Farbänderungen beim rPPG nur sehr gering sind, empfiehlt es sich,
die charakteristischen Frequenzen zu verstärken. Als effektiv hat es sich bewiesen, dafür
Frequenzen zwischen 0.4 und 4 Hz, was einer Herzfrequenz von 24 - 240 BPM entspricht, zu wählen. Auch hier könnte ein Ansatz, wie beim adaptiven Bandpass wir-
kungsvoll sein, indem man die Bandbreite anhand zuvor gemessener Herzraten einengt
[8].

Die Vorangehensweise, wie die ROI gewählt wird, hat einen entscheidenden Einfluss
auf das Ergebnis. In einem ersten Schritt muss das Gesicht erkannt und die Grenzen
festgelegt werden. Am weitesten verbreitet jedoch bereits überholt ist dabei die Viola-
Jones-Methode[13]. Um nicht für jeden Frame erneut eine Gesichtserkennung anwenden
zu müssen, wird das Gesicht anschließend nur mehr getrackt. Dieser Umstand reduziert

den Rechenaufwand und liefert darüber hinaus bessere Ergebnisse. Standardmäßig erhält man als Ergebnis der Gesichtserkennung eine rechteckige ROI, welche auch Hintergrundpixel enthält. Es macht daher Sinn, die ROI weiter einzugrenzen. Qualitative Resultate erhält man, wenn die Stirn als ROI herangezogen wird [9].

Ein detailliertes Modell der Hautreflexion wird von Wang et. al. [14] vorgestellt. Dabei beschreibt

$$\mathbf{C}(n) = \begin{bmatrix} R(n) & G(n) & B(n) \end{bmatrix}^T$$

den Farbvektor mit den über die ROI gemittelten RGB-Werten. Wie diese in der Praxis gewonnen werden, wird in Kapitel 3.1 detaillierter beschrieben. Es ist anzumerken, dass hier im Gegensatz zum Paper von Wang et al. der n-te Frame anstatt der Zeit als Funktionsargument dient. Das Signal wurde folglich schon zeitlich diskretisiert, das Prinzip bleibt jedoch ident. Die einzelnen Pixel, welche gemittelt $\mathbf{C}$ ergeben, können als Reflexion des Umgebungslichts am von der Kamera erfassten Objekt verstanden werden. In unserem Fall handelt es sich bei dem Objekt um die bereits eingegrenzte ROI am Gesicht. Diese Pixel bilden dabei nicht die wahren Farbwerte der Haut ab, sondern beinhalten unter anderem Messungenauigkeiten und Bildrauschen. Durch die vorgenommene Mittelung können diese Fehler jedoch vernachlässigt werden. Abbildung 3 zeigt das Modell, welches für die Ermittlung des rPPG-Signals vorausgesetzt wird. Eine Lichtquelle beleuchtet dabei das Hautgewebe. Im Rahmen der Arbeit besteht die Lichtquelle aus einer Kombination aus Tageslicht und künstlichem Licht, entspricht demnach einer herkömmlichen Büro-Umgebung. Es wird davon ausgegangen, dass das Spektrum während der Messungen konstant bleibt. Die Lichtintensität kann sich jedoch aufgrund von Umwelteinflüssen sowie der Distanz zwischen Lichtquelle und Haut ändern. Im erhaltenen Kamerasignal kommt dies als Änderung der Intensität der Farbwerte zur Geltung, welche darüber hinaus noch vom Abstand zwischen Kamera und Haut abhängen. Wie in Abbildung 3 dargestellt, durchdringt ein Teil des Lichts die oberen Hautschichten und gelangt bis zu den Kapillaren und Blutgefäßen, bevor dieser wieder reflektiert wird und das Gewebe verlässt. Ein bestimmter Anteil des Lichtes wird auf diesem Weg vom Blut absorbiert. Abhängig davon, ob die Gewebepartie gerade von einer Pulswelle durchströmt wird, wird das Licht mehr oder weniger stark absorbiert. Dieser Anteil wird als diffuse Reflexion bezeichnet. Hämoglobin, welches für die rote Färbung des Bluts verantwortlich ist, absorbiert das Licht je nach Wellenlänge in unterschiedlichem Ausmaß. Dazu sei nochmals auf Abbildung 2 aus Kapitel 2.1 verwiesen. Demnach enthält der Grünkanal den stärksten Anteil an Pulsinformation, gefolgt vom Blau- und Rotkanal. Um dies zu veranschaulichen, werden die gemittelten RGB-Werte über 10 Sekunden aufgezeichnet und in Abbildung 4 dargestellt. Es lässt sich eindeutig das Pulswellensignal im Grünkanal erkennen. Im Rot- sowie Blaukanal lassen sich die Pulszacken nur schwer bis gar nicht ausmachen. Bewegungsartefakte, treten, wie im Beispiel zwischen 2 und 3 Sekunden, bei allen 3 Farbkanälen gleichermaßen auf.

Ein gewisser Teil des Lichts wird jedoch schon direkt an der Hautoberfläche reflektiert (Spiegelreflexion) und enthält demnach in allen drei Farbkanälen überhaupt keine Pulsinformation. Daraus ergibt sich für den Farbvektor als Linearkombination:

$$\mathbf{C}(n) = I(n) \cdot (\mathbf{v_s}(n) + \mathbf{v_d}(n)) \tag{1}$$

Dabei stellt $I(n)$ die zeitlich veränderliche Lichtintensität dar, welche von Intensitäts-schwankungen der Lichtquelle wie auch Änderungen des Abstands zwischen Kamera beziehungsweise Lichtquelle und der Haut abhängt. Der Anteil des reflektierten Lichts, welcher direkt an der Hautoberfläche reflektiert wird und keine Pulsinformationen enthält, wird als $\mathbf{v_s}$ bezeichnet. Jener, der einen gewissen Weg durch das Gewebe zurück-gelegt hat, erhält die Bezeichnung $\mathbf{v_d}$. Die Indizes s beziehungsweise d stehen dabei für spiegelnd beziehungsweise diffundierend. Beide Reflexionsanteile werden gleich stark von der Intensität des Lichts beeinflusst. Beide sind zeitlich abhängig von der Bewegung des Körpers relativ zur Kamera. Auf $\mathbf{v_d}$ wirkt sich überdies der Pulsschlag aus. Genau genommen müsste noch ein zusätzlicher Term, der das Rauschen beschreibt, angehängt werden, dieser kann aber aus bereits erläuterten Gründen vernachlässigt werden. Die Reflexionskomponenten können nun weiter zerlegt werden:

$$\mathbf{v_s}(n) = \mathbf{u_s} \cdot (s_0 + s(n)) \tag{2}$$

Dabei bezeichnen s_0 und $s(n)$ die Reflexionsstärken des an der Hautoberfläche gespiegelten Lichts. s_0 stellt den stationären Anteil dar, während $s(n)$ ausschließlich von der relativen Bewegung zwischen Körper und Kamera abhängt. Die Reflexionsstärken werden auf den Vektor $\mathbf{u_s}$ abgebildet. Da bei der Spiegelreflexion kein Licht absorbiert wird, entspricht $\mathbf{u_s}$ dem elementaren Vektor des Lichtspektrums.

Bei der diffusen Reflexion allerdings wird das Licht teilweise absorbiert und entspricht nicht mehr dem ursprünglichen Spektrum des Umgebungslichts. Man unterscheidet hierbei zwei Formen der Absorption. Einerseits wird Licht vom Gewebe absorbiert, dieser Anteil der diffusen Reflexion ist zeitlich unabhängig. Der Vektor, auf den die stationäre Reflexionsstärke d_0 abgebildet wird, bezeichnen wir als $\mathbf{u_d}$ und ist der elementare Farbvektor des Hautgewebes. Andererseits wird Licht auch vom Blut absorbiert, dieser Anteil der diffusen Reflexion ist demnach vom Puls und somit von der Zeit abhängig. Der Vektor, auf den das Pulssignal $p(n)$ abgebildet wird, wird als $\mathbf{u_p}$ bezeichnet. $\mathbf{u_p}$ ergibt sich aus den relativen Anteilen der Pulsstärken in den Farbkanälen. Die diffuse Reflexion kann man daher als

$$\mathbf{v_d}(n) = \mathbf{u_d} \cdot d_0 + \mathbf{u_p} \cdot (p(n)) \tag{3}$$

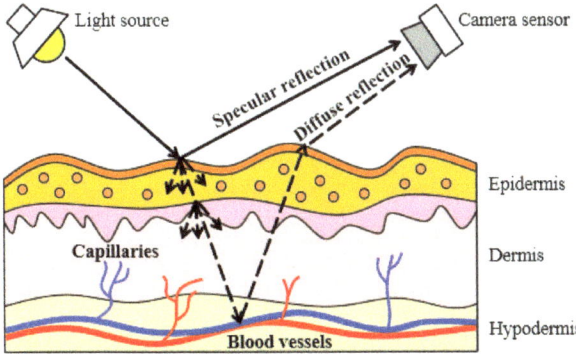

Abbildung 3: Modell der Reflexion an der Haut [14]

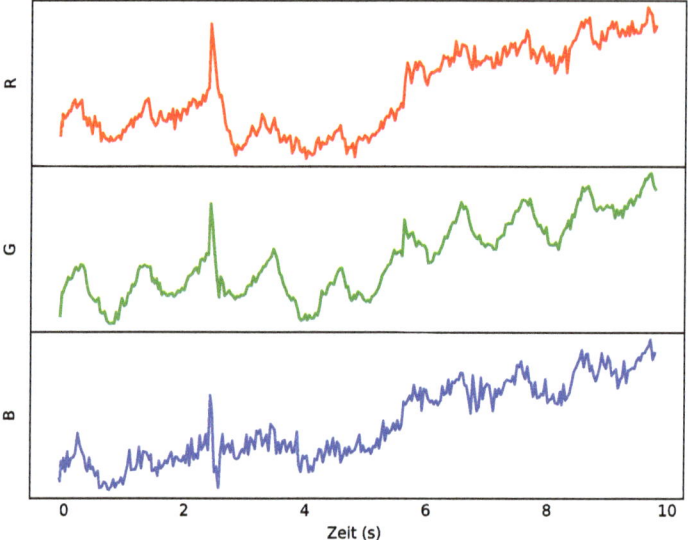

Abbildung 4: örtlich gemittelte Rot- Grün- und Blauwerte (v. o. n. u.) über 10 Sekunden aufgezeichnet.

darstellen.

Einsetzen von (2) und (3) in (1) führt zu:

$$\mathbf{C}(n) = I(n) \cdot (\mathbf{u_s} \cdot (s_0 + s(n)) + \mathbf{u_d} \cdot d_0 + \mathbf{u_p} \cdot (p(n))) \tag{4}$$

Äquivalent zu $\mathbf{v_s}$ und $\mathbf{v_d}$ kann auch $I(n)$ in einen stationären und einen zeitlich veränderlichen Teil zerlegt werden:

$$I(n) = I_0 \cdot (1 + i(n)) \tag{5}$$

Multipliziert man (4) aus und setzt (5) ein, erhält man:

$$\mathbf{C}(n) = I_0 \cdot \mathbf{u_s} \cdot s_0 + I_0 \cdot \mathbf{u_s} \cdot s(n) + I_0 \cdot i(n) \cdot \mathbf{u_s} \cdot s_0 + I_0 \cdot i(n) \cdot \mathbf{u_s} \cdot s(n) +$$
$$I_0 \cdot \mathbf{u_d} \cdot d_0 + I_0 \cdot \mathbf{u_p} \cdot p(n) + I_0 \cdot i(n) \cdot \mathbf{u_d} \cdot d_0 + I_0 \cdot i(n) \cdot p(n) \tag{6}$$

Wie man sieht, setzt sich die Gleichung zum Einen aus Termen mit den Komponenten $i(n)$, $s(n)$ und $p(n)$ zusammen, welche rein alternierend sind und somit keinen Gleichanteil besitzen, zum Anderen aus stationären Termen, welche die Komponenten $\mathbf{u_s} \cdot s_0$ und $\mathbf{u_d} \cdot d_0$ beinhalten. Terme, die eine Multiplikation zweier alternierender Komponenten ($i(n) \cdot s(n)$ und $i(n) \cdot p(n)$) enthalten, können gestrichen werden, da deren ohnehin schon geringe Amplitude durch die ausgeführte Multiplikation vernachlässigbar klein wird. Die stationären Terme können zu

$$\mathbf{u_c} \cdot c_0 = \mathbf{u_s} \cdot s_0 + \mathbf{u_d} \cdot d_0 \tag{7}$$

zusammengefasst werden. Dieser Term beschreibt die Reflexion des Hautgewebes und der Hautoberfläche, $\mathbf{u_c}$ kann als Farbvektor der Hautreflexion bezeichnet werden. Gleichung (4) vereinfacht sich dadurch zu:

$$\mathbf{C}(n) = I_0 \cdot (\mathbf{u_c} \cdot c_0 + \mathbf{u_s} \cdot s(n) + \mathbf{u_c} \cdot c_0 \cdot i(n) + \mathbf{u_p} \cdot p(n)) \tag{8}$$

Man kann erkennen, dass es sich hier hierbei um einer Linearkombination bestehend aus alternierenden und stationären Komponenten handelt. Es gilt nun einen Algorithmus zu finden, welcher $p(n)$ von $\mathbf{C}(n)$ extrahiert [14].

3 Methoden

Für die Implementierung eines rPPG-Programmes sind drei Verarbeitungsschritte nötig: die Extraktion des Rohsignals aus einer Videoquelle, die Ermittlung eines plethysmografischen Signals sowie der Ermittlung der Herzrate. Jeder dieser Schritte beinhaltet weitere Komponenten, für die bereits unterschiedliche Lösungsansätze existieren.

Für die Umsetzung des Projekts wird die Programmiersprache *Python* verwendet, da sie einen sehr übersichtlichen und knappen Programmierstil bietet. Die Ausführung als Interpreter-Sprache erlaubt zudem ein exploratorisches Arbeiten, was sehr nützlich zum Finden von Lösungen in der Signalverarbeitung ist. Darüber hinaus existieren eine Vielzahl an erweiternden Programmbibliotheken im Bereich der Vektor- und Matrixrechnung (numpy), grafischen Darstellung (PyQtGraph, matplotlib), sowie Signalverarbeitung und Statistik (scipy). Für die Verarbeitung des Videosignals wurde die Programmbibliothek *OpenCV* verwendet.

3.1 Signal-Extraktion

Es wurde bereits festgestellt, dass vor allem das Gesicht eine qualitative Quelle für das rPPG-Signal ist. Um den Bereich des Gesichts von der restlichen Umgebung im Bild zu trennen, muss eine Gesichtserkennung angewendet werden. *OpenCV* bietet dazu eine auf Deep Learning basierte, vortrainierte Gesichtserkennung an. Diese beruht auf dem Prinzip des *Single Shot MultiBox Detector* (SSD) [7]. Dabei bedeutet *Singe Shot*, dass die Aufgabe der Objekteingrenzung in einem einzelnen Vorwärts-Durchlauf durch das neuronale Netzwerk stattfindet. *Multi Box* ist der Name der *Bounding Box regression*-Technik von Szegedy et al. [11]. Es werden Default-Boxen unterschiedlicher Skalierungen über das Bild gelegt und geprüft mit, welcher Sicherheit diese übereinstimmen.

Man erhält als Rückgabewert die Eckpunkte, welche die ROI orthogonal eingrenzen. Das Gesicht wird im Zuge dessen äußerst zuverlässig erkannt, auch wenn der Kopf etwas geneigt ist und man nicht vollkommen gerade in die Kamera blickt. Ein Schwachpunkt ist jedoch, dass sich die ROI, in Bezug auf die Position, etwas unruhig verhält. Dies lässt sich dadurch begründen, dass das Gesicht mit jedem Frame erneut erkannt werden muss und das Gesicht zwischen zwei Frames nie genau auf der selben Position verharrt. Problematisch wird dies, wenn später das Pulssignal extrahiert werden soll, da dadurch Artefakte entstehen, die möglicherweise das Pulssignal dominieren. Ein Ansatz besteht darin, die ROI nicht für jeden Frame komplett neu zu definieren, sondern die Position der ROI aus dem vorherigen Frame mittels dem Verfahren der exponentiellen Glättung einfließen zu lassen. Sei $roi(n) = \begin{pmatrix} x_1 & y_1 & x_2 & y_2 \end{pmatrix}$ ein Tupel mit den vier berechneten Eckpunkten der ROI im n-ten Frame und roi^* ein Tupel mit den gerade mittels der Gesichtserkennung erhaltenen Eckpunkten. Für den darauffolgenden Frame ergibt sich:

$$roi(n+1) = roi(n) \cdot \lambda + roi^* \cdot (1 - \lambda)$$

Als effektiv hat sich für das Gewicht $\lambda = 0.9$ herausgestellt. Die nun erhaltene ROI bewegt sich bei Stillhalten des Kopfes nahezu nicht mehr.

Aufgrund der rechteckigen Form der ROI gibt es an den Kanten und Ecken Stellen, welche statt der gewünschten Gesichtshaut den Hintergrund beinhalten. Dem ließe sich entgegenwirken, indem das erkannte Gesicht mittels *facial landmarks detection* noch weiter unterteilt wird. Jedoch führe dies zu einem weitaus höheren Rechenaufwand. Außerdem zeigt sich, dass auch ohne diese Maßnahme zufriedenstellende Ergebnisse erzielt werden können.

Für die weiteren Verarbeitungsschritte sind nur mehr die durchschnittlichen Farbwerte der ROI von Bedeutung. *OpenCV* bietet eine Funktion zur räumlichen Mittelung der Farbwerte an. Für jeden Frame n erhält man so den gemittelten Blau- Grün- und Rotwert $B(n)$, $G(n)$, und $R(n)$.

3.2 Ermittlung des Pulssignals

Um den Einfluss der stationären Anteile zu eliminieren, bietet es sich an, den Farbvektor zeitlich zu normalisieren:

$$\mathbf{C}_{norm}(n) = \frac{\mathbf{C}(n)}{\mu(\mathbf{C})} \tag{9}$$

Dabei bezeichnet $\mu(\mathbf{C})$ das arithmetische Mittel aller über einen Zeitraum aufgezeichneten Werte $\mathbf{C}(n)$. Es empfiehlt sich jedoch, bei längeren Videosequenzen nicht über den gesamten Abschnitt, sondern über ein bestimmtes Zeitfenster zu mitteln. Beispielsweise empfiehlt es sich, über den Abschnitt der letzten 45 Frames zu mitteln, was bei einer Bildrate von 30 FPS 1.5 Sekunden entspricht und somit mindestens einen Herzzyklus enthält.

Ein Ansatz, um nun den Einfluss von Bewegung und Intensitätsänderung zu eliminieren, macht sich die Tatsache zu nutze, dass die unterschiedlichen Farbkanäle zwar unterschiedlich starke Pulsatilität aufweisen, jedoch durch Licht- und Bewegungseinflüsse gleichermaßen beeinflusst werden. Das Verhältnis zwischen dem Farbkanal mit der schwächsten Pulsatilität (Rotkanal) und jenem mit der stärksten (Grünkanal) könnte demnach eine vielversprechende Schätzung des Pulssignals sein:

$$\text{RoG} = \frac{G_{norm}}{R_{norm}} - 1 \tag{10}$$

Durch die Subtraktion von 1 wird der Gleichanteil abgezogen, sodass nur noch ein alternierendes Signal vorliegt. Diese Methode wird als *RoverG* bezeichnet [2].
In Abbildung 5 wird die Wirkung der *RoverG* Methode sichtbar: Die einzelnen Pulsspitzen haben eine stärkere Ausprägung. Vor allem zwischen 2 und 4 Sekunden, wo das Signal abfällt, lässt sich ein verbessernder Effekt erkennen. Allerdings sieht man anhand des Abfalls, welcher auch im *RoverG* Signal ausgeprägt ist, dass die Methode nicht sehr robust gegen diese Art von Artefakten ist. Darüber hinaus fällt auf, dass das Signal stärker verrauscht ist als jenes des Grünkanals. Dieser Umstand lässt sich dadurch erklären, dass zufolge der Division durch R_{norm} eine zusätzliche Rauschquelle Einfluss nimmt, da das Rauschen in den einzelnen Farbkanälen unabhängig voneinander auftritt. Die geringe Robustheit kommt dadurch zu Stande, dass lediglich die spiegelnde Reflexion an der Hautoberfläche in Richtung des Vektors $\mathbf{u_s}$ für alle drei Farbkanäle gleich ausfällt. Die diffusen Reflexionen im Hautgewebe sind für alle Farbkanäle unterschiedlich, können demnach auch nicht durch die Division von Grün- und Rotkanal eliminiert. Dass dennoch ein sichtbarer Effekt auftritt, liegt daran, dass die spiegelnde Reflexion einen sehr großen, wenn nicht den größten Anteil, an den gemessenen Farbwerten ausmacht. Eine

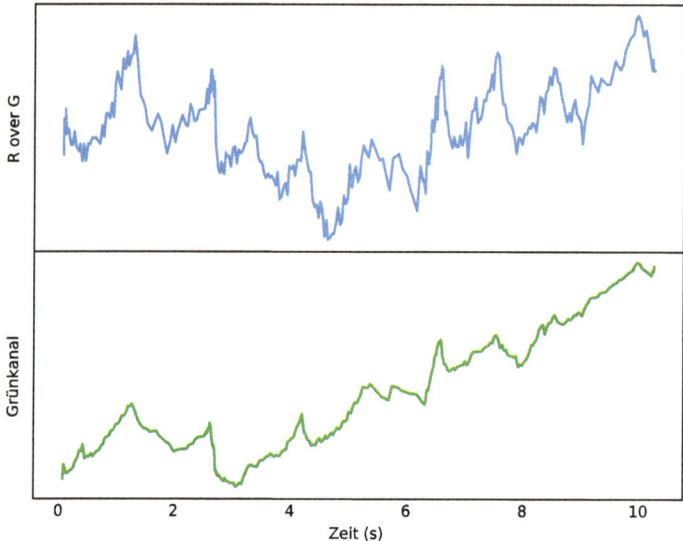

Abbildung 5: *RoverG* (oben) im vergleich zum Grünkanal

Anforderung an einen robusteren Algorithmus ist demnach die Eigenschaft, die einzelnen Komponenten gänzlich zu eliminieren, ohne dabei Pulsinformation zu verlieren.
Betrachtet man nochmals (8), fällt auf, dass es nur einen einzelnen stationären zeitlich unabhängigen Term $I_0 \cdot \mathbf{u_c} \cdot c_0$ gibt. Die Terme, welche $i(n)$, $s(n)$ und $p(n)$ enthalten, sind nahezu rein alternierend und fallen demnach bei Bildung eines zeitlichen Mittelwertes weg:

$$\mu(\mathbf{C}(n)) \approx I_0 \cdot \mathbf{u_c} \cdot c_0 \tag{11}$$

Bei einer Normalisierung, wo durch $\mu(\mathbf{C}(n))$ dividiert wird, bleibt daher nur noch $\mathbf{1} = \begin{bmatrix} 1 & 1 & 1 \end{bmatrix}^T$ für den ersten Term $I_0 \cdot \mathbf{u_c} \cdot c_0$ in (8) stehen. Diese Kenntnis nutzt man, um eine Normalisierungsmatrix $\mathbf{N}$ zu bilden:

$$\mathbf{N} \cdot \mu(\mathbf{C}(n)) = \mathbf{N} \cdot I_0 \cdot \mathbf{u_c} \cdot c_0 = \mathbf{1} \tag{12}$$

Das normalisierte Signal kann man bilden, indem man $\mathbf{N}$ mit (8) multipliziert. Man erhält:

$$\mathbf{C_{norm}}(n) = \mathbf{1} \cdot (1 + i(n)) + \mathbf{N} \cdot \mathbf{u_s} \cdot I_0 \cdot s(n) + \mathbf{N} \cdot \mathbf{u_p} \cdot I_0 \cdot p(n) \tag{13}$$

Den Vektor $\mathbf{1}$ kann man sich dabei als Raumdiagonale im RGB-Farbraum vorstellen. (vgl. Abbildung 6)
Diesen Vektor, und damit auch die in dessen Richtung zeigende Intensitätsänderung, kann man eliminieren, indem man ihn auf eine Ebene projiziert, welche orthogonal auf

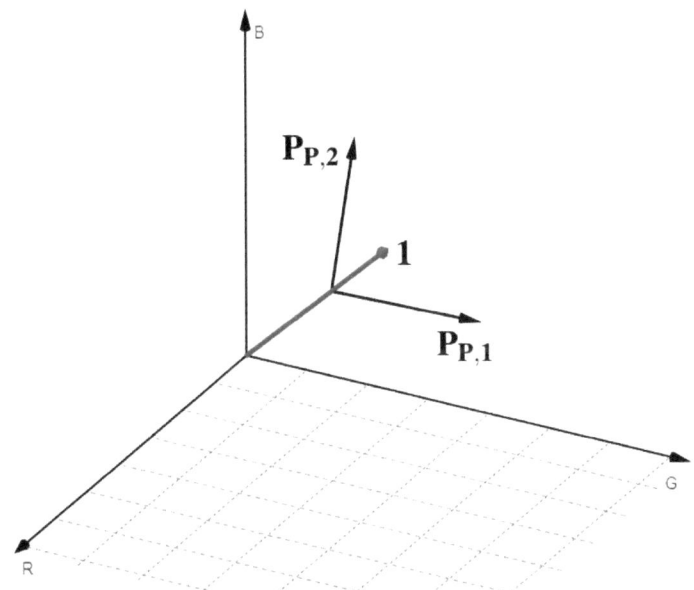

Abbildung 6: Vektor **1** mit Projektionsebene im RGB Farbraum

den Vektor steht. Abbildung 6 zeigt die beiden Vektoren $\mathbf{P_{P,1}}$ und $\mathbf{P_{P,2}}$, welche eine mögliche Ebene orthogonal zu **1** aufspannen. Das von $i(n)$ bereinigte Signal ergibt sich aus der Multiplikation:

$$\mathbf{S}(n) = \mathbf{P_P} \cdot \mathbf{C_{norm}}(n) = \mathbf{P_P} \cdot \mathbf{N} \cdot \mathbf{u_s} \cdot I_0 \cdot s(n) + \mathbf{P_P} \cdot \mathbf{N} \cdot \mathbf{u_p} \cdot I_0 \cdot p(n) \qquad (14)$$

mit der Projektionsmatrix:

$$\mathbf{P_P} = \begin{pmatrix} \mathbf{P_{P,1}}^T \\ \mathbf{P_{P,2}}^T \end{pmatrix} \qquad (15)$$

Das Ergebnis der Projektion ist somit ein 2 x 1 Vektor. Um keine redundanten Informationen zu erhalten, sollen die Vektoren $\mathbf{P_{P,1}}$ und $\mathbf{P_{P,2}}$ linear unabhängig gewählt werden, müssen also orthogonal aufeinander stehen. Da es für die Ausrichtung der beiden Vektoren unendlich viele Möglichkeiten gibt, gilt es, diejenige zu finden, für die der noch verbleibende Term $\mathbf{N} \cdot \mathbf{u_s} \cdot I_0 \cdot s(n)$ bestmöglich gedämpft und der Term mit der Pulsinformation $\mathbf{N} \cdot \mathbf{u_p} \cdot I_0 \cdot p(n)$ bestmöglich erhalten bleibt. Damit eine Trennung der beiden Komponenten überhaupt möglich ist, muss sich deren Projektionsrichtung zu einem bestimmten Grad unterscheiden. Davon kann ausgegangen werden, da die spiegelnde Reflexion von $\mathbf{u_s}$ und damit vom Lichtspektrum abhängt, während der Vektor $\mathbf{u_p}$ vom Hämoglobin abhängt.

3. METHODEN

Je nachdem, wie die Haut zur Kamera und Lichtquelle orientiert ist und sich bewegt, ergeben sich für $\mathbf{u_s}$ verschiedene Werte, welche nicht verlässlich bestimmt werden können. Eine Achse von $\mathbf{P_P}$ orthogonal auf $\mathbf{u_s}$ zu wählen, um diesen Vektor zu eliminieren, ist daher wenig erfolgversprechend. Der Vektor $\mathbf{u_p}$ sollte sich hingegen relativ stabil verhalten. Aus diesem Grund wird dieser Vektor herangezogen, um die Achsen von $\mathbf{P_P}$ zu definieren [14].

Die unterschiedlich starken Beiträge der einzelnen Farbkanäle zum Pulssignal werden von de Haan et al. [3] untersucht, um einen Vektor zu definieren, in dessen Richtung das Pulssignal am stärksten wirkt. Dazu werden aus einer Videosequenz die normalisierten und vom Gleichanteil befreiten Farbkanäle

$$R_{norm}(n) = \frac{R(n)}{\mu(R)} - 1, \quad G_{norm}(n) = \frac{G(n)}{\mu(G)} - 1 \quad \text{und} \quad B_{norm}(n) = \frac{B(n)}{\mu(B)} - 1 \quad (16)$$

gebildet. R, G und B sind dabei als Liste aller über die Dauer der Videosequenz aufgezeichneten Farbwerte zu verstehen. Es werden nun die Standardabweichungen der normalisierten Werte betrachtet. Je nachdem, wie stark das Pulssignal ist, ergibt sich hier auch für die Standardabweichung ein größerer Wert. Da man sich für die relative Pulsstärke interessiert, wird noch Betrag des Vektors dividiert. Für den Vektor der relativen Pulsstärke ergibt sich

$$\mathbf{u_{pbv}} = \frac{1}{\sqrt{\sigma^2(R_{norm}) + \sigma^2(G_{norm}) + \sigma^2(B_{norm})}} \cdot \left[\sigma(R_{norm}) \quad \sigma(G_{norm}) \quad \sigma(B_{norm}) \right]^T$$

$$(17)$$

und wird in der Literatur mit $\mathbf{u_{pbv}} = \begin{bmatrix} 0.33 & 0.77 & 0.53 \end{bmatrix}^T$ angegeben. Er stellt eine Schätzung des Vektors $\mathbf{u_p}$ dar und zeigt, wie stark die einzelnen Farbkanäle vom Puls beeinflusst werden. Neben der empirischen Ermittlung kann man den Vektor auch rechnerisch ermitteln. Die erste Spalte erhält man mit:

$$\frac{\int_{400}^{700} H_R(\lambda) \cdot \frac{I(\lambda)}{I_h(\lambda)} \cdot PPG(\lambda) \cdot d\lambda}{\int_{400}^{700} H_R(\lambda) \cdot \frac{I(\lambda)}{I_h(\lambda)} \cdot \rho_s(\lambda) \cdot d\lambda} \quad (18)$$

Dabei steht $H_R(\lambda)$ für die Antwort des Rotkanals über ein Spektrum von $\lambda = 400\,nm$ - $700\,nm$ und $PPG(\lambda)$ für die absolute PPG-Amplitude abhängig von der Wellenlänge (vgl. Abbildung 7). $\rho_s(\lambda)$ bezeichnet das Spektrum der Hautreflexion, $I(\lambda)$ und $I_h(\lambda)$ die spektrale Zusammensetzung des Umgebungslichts während des Experiments bzw. der Halogenlampe, um die absolute PPG-Amplitude zu messen. Die zweite und dritte Spalte für den Grün- und Blaukanal lassen sich analog herleiten. Die Einträge für den Vektor, je nachdem ob man diesen mit (17) oder (18) ermittelt unterscheiden sich nur geringfügig.

Eine Projektion von $\mathbf{C_{norm}}(n)$ auf $\mathbf{u_{pbv}}$ würde demnach ein Signal mit einem starken pulsatilen Anteil ergeben. Allerdings befindet sich der Vektor nicht in der Ebene orthogonal zu $\mathbf{1}$. Es müssen daher die Achsen dieser Ebene so gewählt werden, dass die Pulsatilität maximiert wird:

$$|\mathbf{u_{pbv}} \cdot \mathbf{P_{P,1}} + \mathbf{u_{pbv}} \cdot \mathbf{P_{P,2}}| = max \quad (19)$$

3. METHODEN

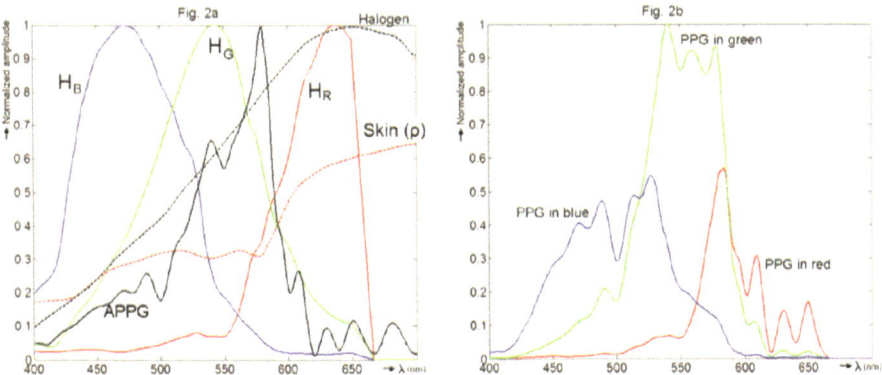

Abbildung 7: Antworten der Farbkanäle und absolute PPG-Amplitude [3]

Für $P_{P,1}$ und $P_{P,2}$ werden die Werte $\begin{bmatrix} 0 & 1 & -1 \end{bmatrix}$ und $\begin{bmatrix} -2 & 1 & 1 \end{bmatrix}$ angegeben die einer Pulsatilität von 0.24 und 0.64 entsprechen. Man erhält die Projektionsmatrix zu:

$$P_P = \begin{pmatrix} 0 & 1 & -1 \\ -2 & 1 & 1 \end{pmatrix} \qquad (20)$$

Dadurch erhält man für $S_1(n)$ und $S_2(n)$ phasengleiche Pulssignale, welche addiert werden können. Allerdings kann $\mathbf{u_{pbv}}$ je nach Lichtquelle und Kamerafilter variieren, was dazu führt, dass die Signale in $S_1(n)$ und $S_2(n)$ nicht mehr die selben Amplituden besitzen. Daher soll das Signal während der Aufnahme in Echtzeit angepasst werden und man erhält das Pulssignal zu:

$$h(n) = S_1(n) + \alpha \cdot S_2(n) \qquad (21)$$

mit

$$\alpha = \frac{\sigma(S_1)}{\sigma(S_2)} \qquad (22)$$

wobei S_1 und S_2 ohne Argument wieder für alle bisher ermittelten Werte innerhalb des Zeitfensters stehen. $h(n)$ soll dabei über ein Zeitfenster gebildet werden, welches zumindest einen Herzzyklus enthält. Die Anzahl an Frames in diesem Zeitfenster werde mit l bezeichnet. Um das finale Ausgangssignal zu erhalten, werden jeweils die über das Zeitfenster der letzten l Frames erhaltenen Pulssignale h, nachdem sie von ihrem Mittelwert befreit wurden, mittels *overlap add* (dt. segmentierte Faltung) kombiniert. Dazu wird anfangs eine Liste mit Nullen initialisiert. Für jedes $n \geq l$ wird h, welches die zu jedem Frame n letzten l Werte beinhaltet, zu der anfangs mit Nullen gefüllten Liste addiert.

Aufgrund der Projektionsebene, welche orthogonal zu $\mathbf{1}$, daher orthogonal zum Hautton ist, wird dieser Algorithmus als *Plane-orthogonal-to-skin* (POS) bezeichnet [14]. Eine Implementierung des Algorithmus in *Python* ist dem Anhang zu entnehmen. Wie man in Abbildung 8 oben erkennen kann, erhält man ein Pulssignal mit deutlichen Spitzen. Mittels Bandpassfilter können die auftretenden Artefakte herausgefiltert werden. Im vorliegenden Fall wird mit einem digitalen Butterworth-Filter zweiter Ordnung und den Grenzfrequenzen 0.5 Hz und 4 Hz gefiltert. Die Auswirkungen einer Filterung werden in Kapitel 3 näher betrachtet.

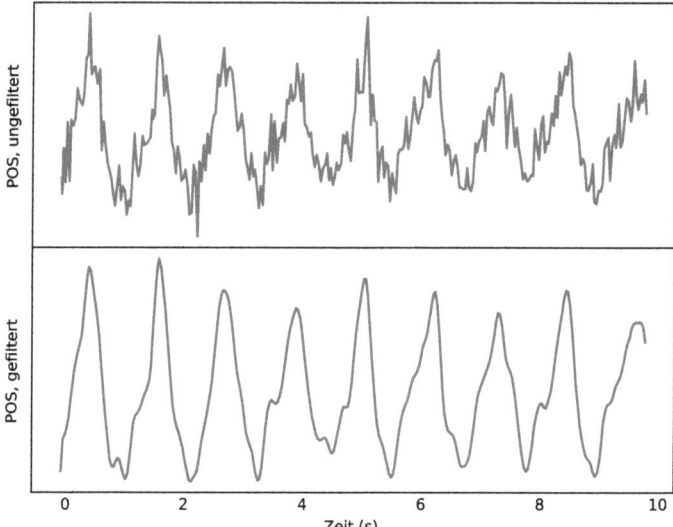

Abbildung 8: POS - Signal; ungefiltert (oben) und gefiltert

3.3 Ermittlung der Herzrate

Als letzter Schritt folgt die Ermittlung der Herzrate aus einem gegebenen Pulssignal. Diese Aufgabe soll mittels *peak detection* erfolgen. Um eine eingermaßen stabile Herzrate zu erhalten, wird dabei ein Signal der letzten 5 - 10 Sekunden betrachtet. Eine Schwierigkeit dabei ist, dass Artefakte, welche nicht durch den Bandpassfilter herausgefiltert werden, missverständlich als Spitzen erkannt werden könnten. Darüber hinaus können auch Spitzen aufgrund unterschiedlich stark ausgeprägter Amplituden übersehen werden. Die von *Scipy* zur Verfügung gestellte Funktion zur Erkennung von Spitzen versagt für diesen Zweck. Felix Scholkmann et. al. [10] stellen eine neue Methode zur effizienteren Erkennung von Spitzen in verrauschten, periodischen Signalen vor.

Sei $\mathbf{h} = [h_1, h_2, ..., h_i, ..., h_N]$ das Pulssignal über den untersuchten Zeitraum. Zuerst wird das Signal $\mathbf{h}$ vom Trend bereinigt, in dem die lineare Regressionsgerade abgezogen wird. Es werden nun für verschiedene Skalierungen $k = 1, 2, ..., L$ mit $L = (N/2) - 1$ die lokalen Maxima gesucht. Falls N ungerade ist, wird $N/2$ aufgerundet. Für jedes k und $i = k + 2, ..., N - k + 1$ werden die Einträge der Matrix $\mathbf{M}$ gebildet:

$$m_{k,i} = \begin{cases} 0 & h_{i-1} > h_{i-k-1} \text{ und } h_{i-1} > h_{i+k-1} \\ r & \text{sonst} \end{cases} \tag{23}$$

Dabei ist r eine Zufallszahl zwischen 1 und 2. i, welche nicht betrachtet werden, also jene, für die x_i zu nah am Beginn oder Ende des Signals sind, um das Maxima zu finden, werden auch gleich r gesetzt. Die Matrix wird als *local maxima scalogram* (LMS) bezeichnet. Als nächster Schritt wird von jeder Reihe der Matrix die Summe der Einträge berechnet:

$$\gamma_k = \sum_{i=0}^{N} m_{k,i} \tag{24}$$

Der Vektor γ zeigt uns die von der Skala abhängige Verteilung der Maxima. Der kleinste Eintrag in γ, von nun an als λ bezeichnet, gibt dabei die Skala mit den meisten lokalen Maxima an, da hier auf Grund der Definition (24) die meisten Nullen eingetragen wurden. Die Matrix $\mathbf{M}$ wird nun derart umgeformt, dass alle Reihen für $k > \lambda$ entfernt werden und man eine $\lambda \times N$-Matrix erhält. In einem letzten Schritt wird für jede Spalte der neuen Matrix die Standardabweichung σ_i gebildet. Für jedes i, für welches $\sigma_i = 0$, befindet sich an der Stelle h_i ein *Peak* und somit eine Pulsamplitude. Die Menge aller *Peaks* wird im Vektor $\mathbf{p} = [p_1, p_2, ..., p_{\bar{N}}]$ zusammengefasst.

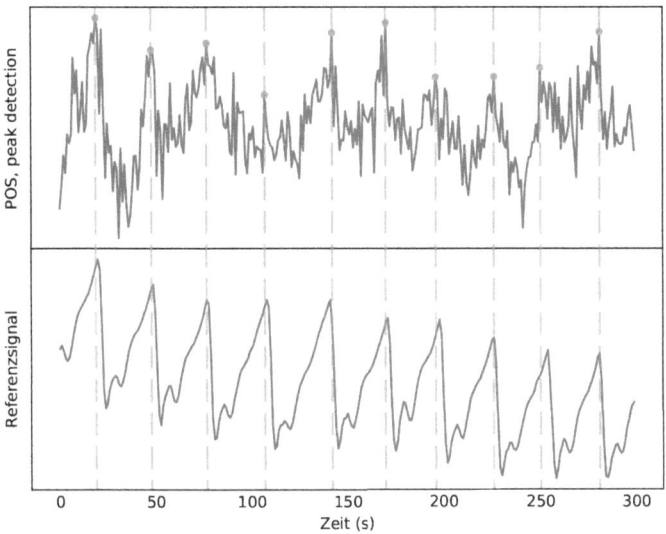

Abbildung 9: Peak Detection und Referenzsignal (unten)

Anhand von Abbildung 9 lässt sich deutlich erkennen, dass selbst bei weniger gut ausgeprägten Pulszacken ein zuverlässiges Ergebnis erzielt wird. Zum Vergleich wurde synchron ein PPG-Signal mittels Fingerpulsoximeter aufgezeichnet und von den erkannten *Peaks* vertikale Linien gezogen. Es ist zu erkennen, dass der Zeitpunkt der rPPG-*Peaks* mit jenen des Referenzsignals nahezu übereinstimmt.

Um die Herzrate zu erhalten, ermittelt man die Zeitspanne zwischen der ersten und letzten Spitze $l = t(p_{\bar{N}}) - t(p_1)$ des betrachteten Signals und dividiert diese durch die um 1 verringerte Anzahl der erkannten Peaks $IBI = l/(\bar{N} - 1)$, wodurch sich das durchschnittliche IBI ergibt. Die durchschnittliche Herzrate des betrachteten Signals berechnet sich aus $60/IBI$.

4 Performance Analyse

4.1 Versuchsdurchführung

Der beschriebene POS-Algorithmus zur Extraktion der Herzrate aus einer Gesichtsaufnahme soll hinsichtlich seiner Validität und Reliabilität geprüft werden. Dazu werden von zwei Teilnehmern Aufnahmen unter unterschiedlichen Bedingungen aufgezeichnet. Es wurde eine in den Laptop eingebaute sowie eine externe USB-Webcam verwendet. Die Auflösung beträgt 640×480 Pixel bei ca. 30 FPS und einer Bittiefe von 8. Um die Ergebnisse mit den tatsächlichen Pulswerten zu vergleichen, wird als Referenzgröße ein Fingerpulsoximeter verwendet. Dieses zeichnet synchron zum verwendeten Algorithmus das Pulssignal auf. Das Programm wurde derart implementiert, dass die Videodaten in Echtzeit von der Webcam gewonnen und direkt durch den Algorithmus verarbeitet werden. Das Video wird im Gegensatz zu anderen Versuchen in diesem Bereich nicht im Vorhinein aufgezeichnet, wodurch auch zu Schwankungen der FPS-Rate eintreten könnten. Das Ergebnis des POS-Algorithmus, *RoverG*, Rot- Grün und Blauwerte, Referenzsignal sowie die verstrichene Zeit werden in eine Datei zur weiteren Verarbeitung abgespeichert. Auf das Ergebnis des POS-Algorithmus, sowie PPG-Signal wird die in Kapitel 3.3 beschriebene Methode zur Ermittlung der Herzrate angewandt. Dazu wird eine Schleife über die Länge des Signals abgearbeitet. Für jeden Durchlauf werden die letzten 300 Daten betrachtet und davon die Durchschnittliche Herzrate bestimmt. Das entspricht einer Zeitspanne von ca. 10 Sekunden. Abbildung 10 zeigt die grafische Benutzeroberfläche des Programms mit ROI-Erkennung, Signal des POS-Algorithmus und Referenzsignal.

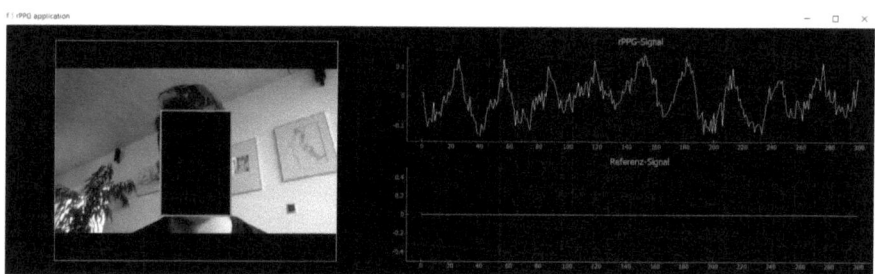

Abbildung 10: grafische Benutzeroberfläche

Der POS-Algorithmus wird an beiden Teilnehmern unter jeweils vier verschiedenen Bedingungen angewandt:

Ruhepuls 50 cm

> Zunächst soll die grundsätzliche Funktionsfähigkeit des POS-Algorithmus getestet werden. Dazu wird der Ruhepuls beider Versuchsteilnehmer über jeweils 2.5 Minuten aufgezeichnet. Die Personen sitzen dabei, wie bei Büroarbeit üblich, unmittelbar vor dem Bildschirm. Das Gesicht ist etwa 50 cm von der Kamera entfernt.

Ruhepuls 100 cm
  Das selbe Szenario wird mit einem vergrößerten Abstand von etwa einem Meter
  wiederholt.
Erholungspuls
  Anschließend soll die Zuverlässigkeit bei sich stärker ändernden Pulsraten über-
  prüft werden. Dazu wird von den Teilnehmern körperliche Aktivität in Form von
  30 Kniebeugen absolviert. Unmittelbar danach wird der Erholungspuls über 4 Mi-
  nuten aufgezeichnet. Die Kamera ist dabei wieder 50 cm entfernt.
alternative Kamera 50 cm
  Versuch 1 wird nochmals mit einer USB-Webcam wiederholt.

Für jeden der Versuche wird die Herzrate sowohl mit als auch ohne Filterung des POS-
Signals ermittelt. Es wird dazu ein Butterworth-Bandpassfilter 2. Ordnung mit den Grenzfrequenzen 0.5 und 4 Hz verwendet.

4.2 Ergebnisse und Diskussion

Die Herzraten aus dem rPPG-Algorithmus und Referenzsignal werden miteinander verglichen und absoluter wie auch relativer Fehler, sowie Korrelationskoeffizient zwischen
rPPG- und PPG-Signal bestimmt bestimmt. Tabelle 1 fasst die Mittelwerte dieser statis-
tischen Kennzahlen für jede Versuchsdurchführung zusammen. Für den ersten Versuch
zeigen sich bei beiden Teilnehmern sehr präzise Ergebnisse. Die Herzrate aus dem POS-
Algorithmus und jene des Referenzsignals stimmen bis auf wenige Ausreißer auf wenige
Hundertstel überein. Durch Filterung lässt sich das Ergebnis nochmals verbessern. Die
relativen Fehler verringern sich dadurch um 29 % und 62%. Bei einem größeren Abstand
von 100 cm erhält man minimal schlechtere Ergebnisse. Durch Filterung können die relativen Fehler um 31 % sowie 50% reduziert werden. Auch für den im Versuch nach
körperlicher Aktivität ist der Algorithmus äußerst zuverlässig. Filtern verringert dabei
den Fehler um 37 % und 39 %. Die alternative Kamera schneidet, im Gegensatz zur eingebauten Webcam, sehr schlecht ab. Durch Filtern lässt sich der Fehler zwar um 20 %
sowie 56 % reduzieren, allerdings betragen die relativen Fehler immer noch 15 % und
29 %, was eine sinnvolle Anwendung ausschließt. Betrachtet man die Videos, welche
von der alternativen Kamera aufgezeichnet wurden, fällt auf, dass die Qualität hinsichtlich Schärfe und Farbtreue um einiges schwächer ist, wodurch sich derart schlechte Ergebnisse begründen lassen. Darüber hinaus könnte es nötig sein, den Algorithmus für
verschiedene Kameras unterschiedlich anzupassen, da die Verarbeitung der Farben von
Modell zu Modell unterschiedlich ist. Dem wird zwar bereits durch das Tuning aus Gleichung (21) entgegengewirkt, allerdings ist dieses nur für den Feinschliff vorgesehen. Für
gröbere Abweichungen des Vektors $\mathbf{u_{pbv}}$ wirkt dies nicht mehr ausreichend.

Abbildung 11 zeigt den Verlauf der Herzrate nach körperlicher Belastung von Person 2
für ungefilterte (links) und gefilterte Werte. Dabei sind für den ungefilterten Fall einige Abweichungen von bis zu 10 BPM zu erkennen(der Ausreißer zu Beginn wird dabei
nicht beachtet). Nach Anwenden einer Filterung verringern sich nahezu alle großen Abweichungen und man kann klar erkennen, wie die rPPG-Herzrate den Referenzwerten
folgt. So zeigt sich, dass das Verfahren auch für sich ändernde Herzraten, wie beim Erholungspuls der Fall, stabil ist.

4. PERFORMANCE ANALYSE

Tabelle 1: statistische Kennzahlen

Vesuch	Teilnehmer	relativer Fehler		absoluter Fehler		Korrelation	
		ungefiltert	gefiltert	ungefiltert	gefiltert	ungefiltert	gefiltert
Ruhepuls, 50 cm	1	0.8 %	0.6 %	0.453	0.322	0.953	0.970
	2	2 %	0.8 %	1.264	0.477	0.599	0.912
Ruhepuls, 100 cm	1	1.3 %	0.9 %	0.736	0.506	0.878	0.921
	2	2.1 %	1.1 %	1.239	0.622	0.758	0.945
Erholungspuls	1	2.1 %	1.3 %	1.438	0.856	0.972	0.988
	2	1.9 %	1.2 %	1.194	0.719	0.913	0.954
alternative Kamera	1	19.2 %	15.3 %	10.931	8.585	-0.021	-0.141
	2	65 %	29 %	42.064	18.494	0.117	-0.140

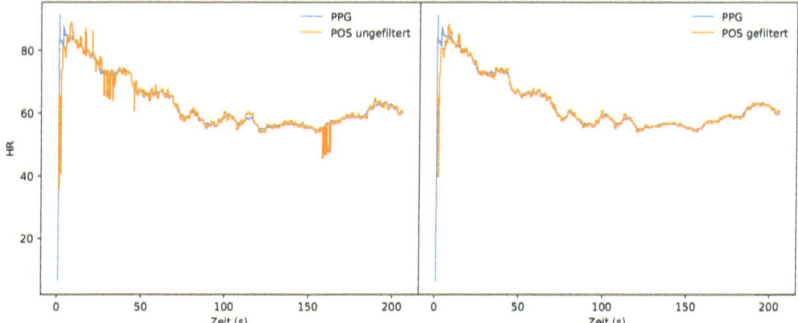

Abbildung 11: Verlauf der Herzrate nach körperlicher Belastung; links ungefiltert; rechts gefiltert

Für den ersten Versuch (Ruhepuls 50 cm; Person 1) wird der relative Fehler der einzelnen Herzraten jeweils für den ungefilterten (links) und gefilterten Fall dargestellt (siehe Abbildung 12). Die Fehler befinden sich dabei im einstelligen Prozentbereich. Der überwiegende Teil fällt sogar unter einen Wert von 2 %.

Für die ersten drei Versuche (Ruhepuls 50cm, Ruhepuls 100cm, Erholungspuls) mit der eingebauten Laptop-Webcam wurde jeweils für einen Teilnehmer ein Korrelationsdiagramm zwischen rPPG und PPG geplottet (siehe Abbildung 13). Entlang der roten 45°-Linie wäre dabei der optimale Verlauf. Es ist anzumerken, dass extreme Ausreißer zum Zweck besserer Darstellung nicht mehr angezeigt werden. In der linken Spalte werden die Ergebnisse der drei Versuche ohne Filterung, in der rechten Spalte mit Filterung abgebildet. Es lässt sich deutlich erkennen, wie die Wertepaare nach Filterung dichter an die 45°-Linie heranrücken. Für einige Ausreißer, vor allem beim dritten Versuch, hat die Filterung jedoch kaum einen positiven Effekt.

Abgesehen von den Versuchen mit der zweiten Kamera erhält man recht präzise Ergebnisse. Die stärkeren Abweichungen vom Referenzwert lassen sich fast ausschließlich auf

4. PERFORMANCE ANALYSE

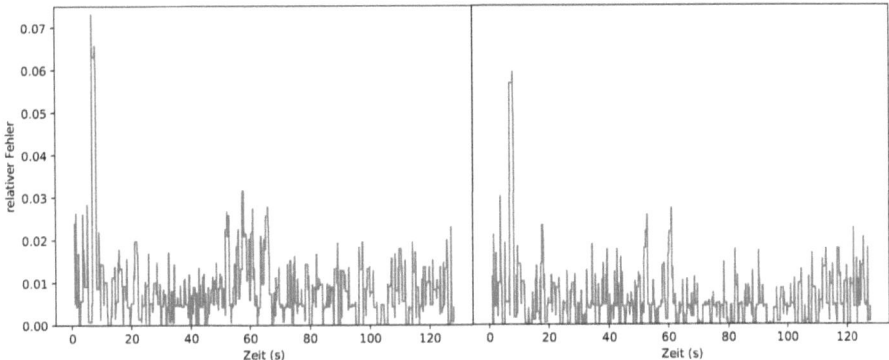

Abbildung 12: relativer Fehler; Ruhepuls 50 cm; links ungefiltert; rechts gefiltert

Bewegungsartefakte zurückführen. Durch Filterung wird die Herzrate noch genauer ermittelt, allerdings hat diese auf größere Ungenauigkeiten teilweise kaum einen Einfluss. Dies lässt sich dadurch begründen, dass in diesen Fällen, Störfaktoren dermaßen dominieren, dass das Pulssignal überhaupt nicht mehr extrahiert werden kann.

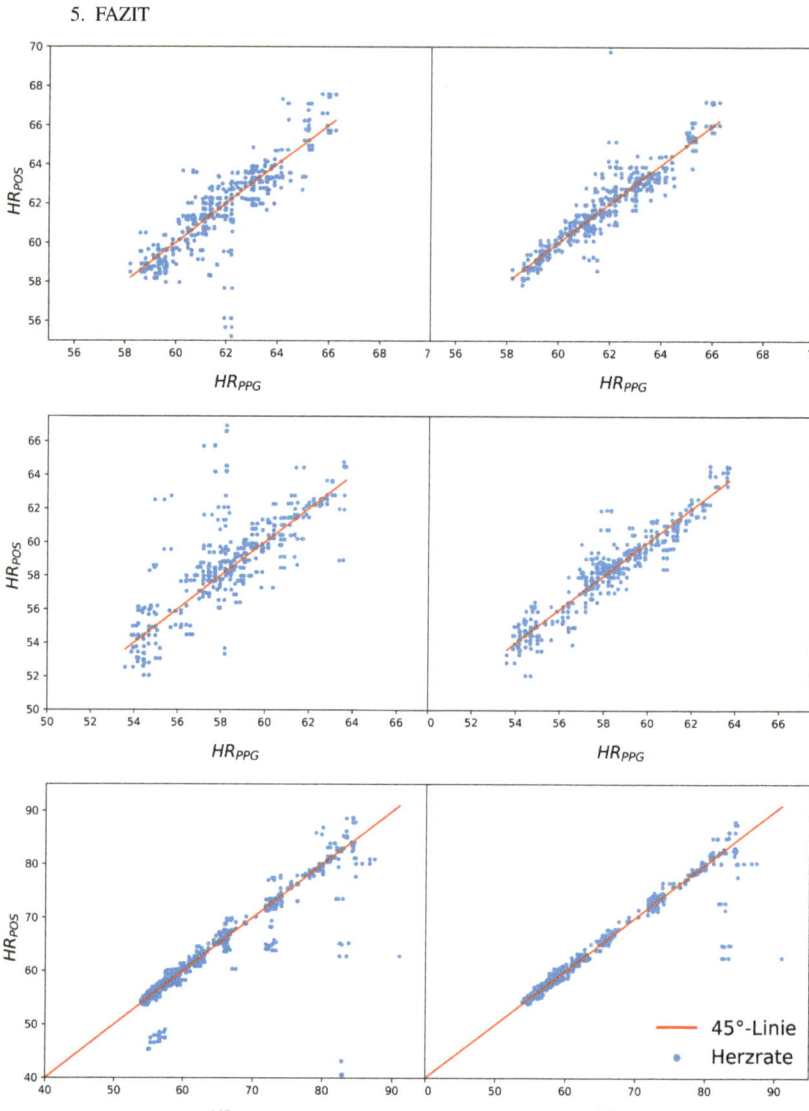

Abbildung 13: Korrelationsdiagramm für 3 Versuche; links ungefiltert, rechts gefiltert

5 Fazit

Resümierend lässt sich festhalten, dass rPPG unter gewissen Umständen eine sehr präzise Bestimmung der Herzrate ermöglicht. Die durch den POS-Algorithmus durchgeführte Projektion des RGB-Signals auf eine Ebene, wo Lichtänderungs- und Bewegungseinflüsse unterdrückt werden, ist äußerst vielversprechend. Zu den Anforderungen zählt eine ruhige Haltung sowie ausreichend Umgebungslicht. Es hat sich bei den Versuchen gezeigt, dass bereits leichtes Gegenlicht die Ergebnisse stark beeinträchtigt. Wie sich gezeigt hat, hat auch die Wahl der Kamera einen entscheidenden Einfluss auf die Qualität des Signals.

Für simple Anwendungen, wie beispielsweise der Ermittlung der Herzrate bei ruhiger Haltung vor dem Computer, erfüllt die Methode ihren Zweck und kann mit speziell dafür angefertigten Geräten, wie Fingerpulsoximeter oder Pulsuhr, durchaus mithalten. Die über ca. zehn Sekunden gemittelte Herzrate weicht dabei nur um wenige Hundertstel von dem aus dem Fingerpulsoximeter gewonnenen Referenzwert ab. Auch der Verlauf des Pulswellensignals mit den einzelnen Pulszacken ist deutlich zu erkennen. Eine Filterung mittels Bandpassfilter verbessert die Ergebnisse zusätzlich. Doch auch ohne Filterung erhält man bereits eindeutige Signale. Für Anwendungen im Sport ist die Robustheit gegen Bewegung noch zu gering, um zuverlässig die Herzrate zu bestimmen. Hier könnte es helfen, die ROI auf Teile des Gesichts weiter einzuschränken, welche den stärksten Anteil an pulsatilen Farbveränderungen besitzen. Darüber hinaus sollte auch der Farbechtheit, welche sich zwischen verschiedenen Kameras unterscheidet, Aufmerksamkeit geschenkt werden. Der Algorithmus könnte derart adaptiert werden, dass diese Eigenschaften berücksichtigt und die Projektionsebene dementsprechend angepasst wird.

6 Anhang

```python
1   def calculate(self, corners, frame):
2       # receives current frame and corners of ROI
3       b, g, r = self.get_roi_means(corners, frame, append=True)
4       # appends current color values to arrays bs, gs, rs
5       self.hs.append(0)
6       if self.n - self.winlen + 1 > 0:
7           m = self.n - self.winlen + 1
8               bn = [x / np.mean(self.bs[m - 1:self.n + 1])
9                       for x in self.bs[m - 1:self.n + 1]]
10              gn = [x / np.mean(self.gs[m - 1:self.n + 1])
11                      for x in self.gs[m - 1:self.n + 1]]
12              rn = [x / np.mean(self.rs[m - 1:self.n + 1])
13                      for x in self.rs[m - 1:self.n + 1]]
14              # temporal normalization
15              s1 = np.subtract(gn, bn)
16              s2 = np.subtract(np.add(gn, bn),
17                                  [x * 2 for x in rn])  # projection
18              a = np.std(s1) / np.std(s2)
19              h = np.add(s1, a * s2)  # alpha tuning
20              for ii, i in enumerate(range(m - 1, self.n)):
21                  self.hs[i] = self.hs[i] + \
22                                  (h[ii] - np.mean(h)) # overlay adding
23              self.vs.append(self.hs[-self.winlen])
24      self.n = self.n + 1
```

7 Abkürzungsverzeichnis

PPG Photoplethysmografie
rPPG remote Photoplethysmography
BVP Blutvolumenpuls
IBI *Interbeat interval*
Hb Hämoglobin
HbO2 Oxyhämoglobin
FFT *fast Fourier Transform*
ROI *Region of Interest*
SNR *signal-to-noise ratio*
SSD *Single Shot MultiBox Detector*
POS *Plane-orthogonal-to-skin*

Literaturverzeichnis

[1] J. Allen. Photoplethysmography and its application in clinical physiological measurement. *Physiological measurement*, 28(3):R1, 2007.

[2] G. De Haan and V. Jeanne. Robust pulse rate from chrominance-based rppg. *IEEE Transactions on Biomedical Engineering*, 60(10):2878–2886, 2013.

[3] G. De Haan and A. Van Leest. Improved motion robustness of remote-ppg by using the blood volume pulse signature. *Physiological measurement*, 35(9):1913, 2014.

[4] U. Kraft. Herzrhythmusstörung (arrhythmien). URL https://www.netdoktor.at/krankheit/herzrhythmusstoerung-7544.

[5] S. Kwon, J. Kim, D. Lee, and K. Park. Roi analysis for remote photoplethysmography on facial video. In *2015 37th Annual International Conference of the IEEE Engineering in Medicine and Biology Society (EMBC)*, pages 4938–4941. IEEE, 2015.

[6] X. Li, J. Chen, G. Zhao, and M. Pietikainen. Remote heart rate measurement from face videos under realistic situations. In *Proceedings of the IEEE conference on computer vision and pattern recognition*, pages 4264–4271, 2014.

[7] W. Liu, D. Anguelov, D. Erhan, C. Szegedy, S. Reed, C.-Y. Fu, and A. C. Berg. Ssd: Single shot multibox detector. In *European conference on computer vision*, pages 21–37. Springer, 2016.

[8] D. J. McDuff, J. R. Estepp, A. M. Piasecki, and E. B. Blackford. A survey of remote optical photoplethysmographic imaging methods. In *2015 37th Annual International Conference of the IEEE Engineering in Medicine and Biology Society (EMBC)*, pages 6398–6404, Aug 2015. doi: 10.1109/EMBC.2015.7319857.

[9] P. V. Rouast, M. T. Adam, R. Chiong, D. Cornforth, and E. Lux. Remote heart rate measurement using low-cost rgb face video: a technical literature review. *Frontiers of Computer Science*, 12(5):858–872, 2018.

[10] F. Scholkmann, J. Boss, and M. Wolf. An efficient algorithm for automatic peak detection in noisy periodic and quasi-periodic signals. *Algorithms*, 5(4):588–603, 2012.

[11] C. Szegedy, S. Reed, D. Erhan, D. Anguelov, and S. Ioffe. Scalable, high-quality object detection. *arXiv preprint arXiv:1412.1441*, 2014.

[12] W. Verkruysse, L. O. Svaasand, and J. S. Nelson. Remote plethysmographic imaging using ambient light. *Optics express*, 16(26):21434–21445, 2008.

[13] P. Viola, M. Jones, et al. Rapid object detection using a boosted cascade of simple features. *CVPR (1)*, 1(511-518):3, 2001.

[14] W. Wang, A. C. den Brinker, S. Stuijk, and G. de Haan. Algorithmic principles of remote ppg. *IEEE Transactions on Biomedical Engineering*, 64(7):1479–1491, 2016.